INAUGURATION

du Portrait

DE

S. M. CHARLES X,

A DOLE, DÉPARTEMENT DU JURA.

A DOLE,

DE L'IMPRIMERIE DE J.-B. JOLY.

M DCCC XXVIII.

INAUGURATION

DU PORTRAIT

DE

S. M. CHARLES X.

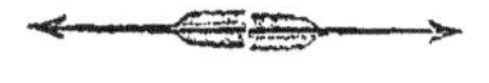

M. le Maire de Dole avait obtenu pour cette ville le portrait en pied de Sa Majesté : le Roi, dans une audience particulière, daigna accorder ce précieux don à M. Dusillet lui-même.

C'est le 4 novembre courant, jour de la fête de saint Charles, que le portrait du Roi a été inauguré [1].

Le bruit du canon et des cloches avait annoncé, dès la veille, cette auguste cérémonie. Le 4, au matin, on a fait une distribution de comestibles au peuple, et de vin à la garnison. A neuf heures précises, M. Vautherin, curé de la ville, a célébré, dans l'église paroissiale, une messe solennelle ; toutes les autorités civiles et militaires, les nouveaux professeurs du collége de l'Arc, en grand costume, ceux de l'École gratuite des sciences appliquées aux arts et métiers, la compagnie des sapeurs-pompiers et le 7ème régiment de chasseurs à cheval, si remarquables par leur belle tenue et par l'excellent esprit qui les anime, ont assisté à cette messe. M. Müller, organiste de la paroisse, a exécuté divers morceaux d'une mélodie suave ; de jeunes élèves de M. Lamy, professeur de musique d'après la méthode de Wilhem, ont chanté en chœur, avec une précision digne d'éloges, un *O salutaris*, de la composition de Perne. M. Blanc a chanté lui-même un *Domine, salvum fac*, de sa composition, et ce nouvel œuvre a encore ajouté à la réputation

---

[1] Cette belle copie du tableau de M. Gérard est l'ouvrage de M. Justin Ouvrié, élève de M. le baron Taylor.

justement méritée dont jouit ce professeur. Après le *Te Deum*, le cortége s'est rendu à l'Hôtel-de-Ville, où l'on avait préparé une salle destinée à recevoir le portrait de Sa Majesté. Cette salle, très-bien décorée par les soins de l'architecte, était en outre ornée d'un superbe buste colossal d'Henri IV, modelé par M. Besson, conservateur du Musée, professeur de dessin et de statuaire. Ce buste ne laisse rien à désirer pour l'exacte ressemblance des traits, pour la correction du dessin et pour l'élégance du travail. Les musiciens de la garde nationale, placés sous une tente en face des croisées, jouaient l'air, *Où peut-on être mieux qu'au sein de sa famille?* tandis que la foule des spectateurs, parmi lesquels se trouvaient un grand nombre de dames élégamment parées, formait un demi-cercle autour de l'estrade, que dominait le portrait du Roi, couvert encore d'un voile : du haut de cette estrade, M. le Maire a prononcé un discours, que les cris prolongés de VIVE LE ROI ! ont interrompu à diverses reprises.

Des bals champêtres au Cours Saint-Maurice ont succédé à cette cérémonie imposante. A cinq heures, il y a eu banquet de cent couverts à l'Hôtel-de-Ville. M. de Belleroche, sous-préfet de l'arrondissement, a porté la santé du Roi, et tous les cœurs répondaient à cet appel de fidélité et d'amour. M. Bulle , président du tribunal civil, a exprimé, dans un second toast , le désir de voir la France unie par les liens d'une amitié fraternelle.

La garde nationale, la compagnie des sapeurs-pompiers , et les amateurs musiciens de la ville se livraient, dans d'autres festins , au même enthousiasme , tandis qu'une fontaine de vin coulait à grands flots sur la place Royale. La façade des bâtiments publics et celle des maisons particulières étaient garnies de drapeaux blancs et illuminées, ainsi que la tour principale. On a tiré ensuite un feu d'artifice de *Ruggiéri*. La fête s'est terminée par un bal très-élégant , à la salle des spectacles.

Dole ne perdra jamais la mémoire de cette fête de famille.

DISCOURS

PRONONCÉ

PAR M. DUSILLET, MAIRE.

Messieurs,

Jamais jour plus brillant ne s'est levé sur cette cité fidèle, depuis l'heureux jour qui vit S. A. R. Monsieur s'arrêter dans nos murs. Les Bourbons revenaient de la terre étrangère, éprouvés par de longs malheurs, qu'avait surmontés leur vertu : ils revenaient au nom du Dieu qui fonde et détruit les empires. Louis reparaissait au milieu de son peuple, et sa voix faisait taire les derniers bruits des factions expirantes ; l'Europe avait déposé les armes, et se retirait devant lui : objet d'amour et d'espoir, il poursuivait sa marche tranquille, tenant l'olivier d'une main, et de l'autre cette charte immortelle, gage de paix qu'il présentait à l'univers, comme jadis, en signe d'union, Dieu posa son arc sur les nuages.

Charles de Bourbon avait précédé Louis, et son retour était le présage d'un repos que la France n'avait pu trouver ni dans les excès d'une république turbulente, ni dans les prestiges d'un règne d'illusions. Le peuple, tout meurtri de ses chaînes, soupirait après une liberté sage, et tournait les yeux vers ce Roi désiré, que rappelaient nos vœux unanimes. Ce fut alors que Charles daigna visiter cette antique capitale de la Séquanie. Vous n'avez point oublié, Messieurs, la pompe de ce jour solennel, ces cris, ces chants de joie, ce concours d'habitants qui se pressaient autour du plus affable des Princes ; ces drapeaux inclinés sur sa tête, et ces fleurs semées sous ses pas. CE N'ÉTAIT, disait-il lui-même QU'UN FRANÇAIS DE PLUS ; mais ce Français était le fils de saint Louis et d'Henri IV ; il était le frère du Roi martyr ! Dieu, qui l'avait déjà marqué du sceau des rois, imprimait sur son front sa majesté sainte : mais combien la clémence, la bonté, la douceur tempéraient l'éclat de ses traits augustes, où semblaient reluire une gloire héréditaire, et la future splendeur du pouvoir souverain ! Ces traits gravés au fond de votre ame, ces traits dont votre

cœur garde un religieux souvenir, voyez-les re-
produits sur une toile vivante, et saluez le meilleur
des Rois !

(Le rideau qui couvrait le portrait de Charles X
tombe, au bruit d'une symphonie militaire
mêlée de chants.)

Voilà, Messieurs, le père de la patrie ! voilà le
descendant de Robert-le-fort ! Le Roi très-chrétien
est devant vous, juste, glorieux, magnifique, tel
que la bonté du ciel nous l'a fait !... Je ne sais quel
trouble s'empare, à sa vue, de mon ame : il me
semble que les siècles renaissent, avec l'appareil de
leur chevalerie et le faste de leurs tournois : les
ombres des preux environnent leur fils : quarante
rois lui servent de cortége ; ils reconnaissent
l'héritier de leur gloire, doué dès son berceau de
valeur et de courtoisie ! Venez vous réunir à cette
troupe héroïque, généreux défenseurs de Charles
et de Louis, serviteurs des Bourbons, chefs rede-
venus soldats pour suivre, le sac sur le dos, ces
Princes, dernier espoir d'une race illustre ! Venez
aussi, ministres du Seigneur, vous qui, sous les
auspices de cet autre Cyrus, avez rebâti sur la
montagne l'antique maison de Jéhovah ! Venez
encore, juges, administrateurs, dépositaires d'une
autorité enfin légitime ; et vous, doctes enfants de
la fille aînée de nos Rois ! Venez surtout, guerriers

intrépides, compagnons d'un héros dont l'Èbre et le Tage racontent les exploits nombreux; et vous qui leur ouvrîtes une large carrière, vainqueurs d'Austerlitz et de Wagram, restes fameux de cette grande armée qui fit trembler le monde!

(Coups de canons, chœurs de chants et fanfares.)

Eh! quel cœur si glacé, si peu français, ne battrait point d'amour à l'aspect de cette chère image? Qui pourrait regarder, sans être ému, ce Roi, l'idole de son peuple et l'arbitre des nations? L'Espagne et la Grèce bénissent la main qui les a délivrées, et la flotte des barbares trouve à Navarin une autre Salamine. Deux mers s'abaissent sous le pavillon blanc, et la foudre de Charles, terrible aux Africains, tonne jusqu'auprès des ruines de Carthage. Au dehors, des guerres utiles; au dedans, un loisir fructueux; partout, les progrès de l'industrie, les chefs-d'œuvre des arts, la réforme des mœurs, et le triomphe des saintes lois.

Mais que sert de vous étaler toutes ces merveilles? Vous les savez, Messieurs, et l'équitable Histoire s'apprête à les recueillir. Mais, ce que l'Histoire ne saura jamais peindre, ce que ma faible voix ne saura jamais retracer, c'est le ton paternel, c'est l'intérêt si vrai que mit le Roi dans ce peu de mots qu'il daigna un jour m'adresser : « ALLEZ DIRE « A VOS CONCITOYENS QUE MON DÉSIR EST DE LES « VOIR HEUREUX !... » Je me sentis trop ému pour répondre ; mais des pleurs répondirent pour moi : les larmes ont leur éloquence, et les cœurs froids sont seuls muets...... Ah ! le vœu de Charles est exaucé : ce don précieux d'un roi et d'un père, est tout ensemble un gage de prospérité et un titre de gloire. Dole reprend aujourd'hui ses joies et ses fêtes *, Dole remonte à ses destins : son génie enfin se réveille, non plus tel qu'autrefois, inquiet, superstitieux, menaçant ; mais adouci par les beaux-arts, mais éclairé par une philosophie religieuse. Ah ! pour combler l'allégresse de la patrie, unissons devant elle nos mains et nos cœurs ; et s'il restait parmi nous quelques inimitiés secrètes, fruits amers des temps où nous avons vécu, abjurons aux pieds du bon Roi un courroux inutile, et n'attendons pas que la mort, suprême juge de tous les partis, réconcilie bientôt, malgré nous, nos ossements mêlés sous la tombe.

Oui, Prince clément et magnanime, oui, mes concitoyens sont heureux ! Ils le sont de ta gloire et de la splendeur de ta famille ; des naissantes vertus de ce royal enfant, qu'instruit dans la pra-

* Dole s'appelait autrefois la *joyeuse*.

tique du devoir et dans les maximes de la sagesse,
un pontife que cette province a vu naître; ils le
sont du bonheur de la France et du succès de tes
armes. Dieu, qui t'a suscité contre les infidèles,
aplanira pour tes guerriers ces mers long-temps
couvertes des débris de la croix, et que le sang des
martyrs a rougies. L'ombre de saint Louis plane
sur tes soldats, et leur montre le chemin de la
victoire tout semé des palmes du ciel. La Religion
te bénit, l'univers t'admire, tout un peuple t'a-
dore; et ton règne, d'éternelle mémoire, sera
l'orgueil du nom français, et la leçon des maîtres
de la terre.

VIVE LE ROI!!!

AU ROI.

ODE.

Viens me ravir aux cieux sur tes brillantes ailes,
Muse, qui ne ceins point de lauriers infidèles :
Viens du Parnasse encor m'élargir le sentier !
Le Temps jaloux m'entraîne, et fuit irréparable !
    Viens !.... qu'un hymne durable
Me sauve de l'affront de mourir tout entier.

Sans toi, sans le secours de ta lyre vivante,
Combien de dieux mortels qu'un vain peuple nous vante,
Verraient pâlir l'éclat de leur divinité ;
Et confondus un jour parmi les froides ombres,
    Sur les rivages sombres,
Iraient s'évanouir dans les flots du Léthé !

C'est à vous, fils des rois, à vous, mortels sensibles,
Protecteurs éclairés de nos talents paisibles,
Qu'il appartient d'aimer nos célestes concerts.
Il faut un saint délire, il faut un cœur, une ame,
      Un esprit tout de flamme,
Pour connaître et goûter le charme de nos airs.

Long-temps la lyre en deuil d'un crêpe fut voilée;
Long-temps du Doubs captif la nymphe échevelée
Baigna de pleurs muets ses bords silencieux.
Ainsi pâle et penché vers cette rive ingrate
      Qu'arrose en vain l'Euphrate,
Le lévite oubliait les chants de ses aïeux.

Le bruit des combattants, les hymnes meurtrières,
Les sons entrecoupés des trompettes guerrières,
Les larmes des captifs, les sanglots des mourants,
Le désespoir, les cris d'une armée engloutie
      Aux marais de Scythie,
Étaient l'affreux concert qui charmait nos tyrans.

Que fais-je? arrête, ô ciel! muse imprudente, arrête!
Rougis du deuil honteux de ta lyre indiscrète;
Les ombres des héros s'indignent de tes pleurs.
Respecte ces guerriers que la gloire environne!
      Veux-tu de leur couronne
Attrister les lauriers par tes faibles douleurs?

La gloire absout la France , et la Paix nous console.
Ciel , revêts ta splendeur ! fuyez, enfants d'Éole !
La Paix a désarmé les pasteurs des humains ;
Et cent peuples , ravis de sa beauté nouvelle ,
     Ont brisé devant elle
Le fer qui s'agitait dans leurs sanglantes mains.

Tels deux torrents jaloux dont les eaux mugissantes
Repoussent à grand bruit leurs rives impuissantes ,
Se heurtent, descendus de deux monts opposés ,
Et bientôt, dépouillant leur colère inutile ,
     Dans la plaine fertile
Confondent leur murmure et leurs flots apaisés.

C'est toi, Prince adoré, c'est toi qui nous ramènes
Cette fille du ciel qui calme tant de haines ,
La Paix, des immortels don cher et précieux !
Et ces murs pleins de toi rediront d'âge en âge
     Que Bourbon fut le gage
Du repos de la terre et du pardon des cieux.

Ton peuple, que rassure un légitime empire ,
Tranquille au bruit des mers dont le courroux expire ,
Dort, échappé des vents que ton sceptre a calmés :
Il sait que repoussant une indigne mollesse ,
     Père et roi sans faiblesse ,
Tes yeux veillent pour lui, quand les siens sont fermés.

Sourd aux lâches conseils des voix enchanteresses,
Ton cœur n'est point touché de leurs feintes caresses,
Ni du vain appareil d'un culte intéressé ;
Et tu crains des flatteurs la fourbe et la malice,
        Plus que le sage Ulysse
Ne craignit les poisons du banquet de Circé.

Tu trouves en toi seul la sagesse attentive,
La force courageuse, et la prudence active :
Mille éclatants revers ne t'ont point abattu.
Du caprice inconstant des Parques obstinées
        Dépendent tes années ;
Le reste de ton sort dépend de ta vertu.

Pareil à ces métaux que le feu purifie,
Celui que le malheur éprouve et fortifie
Supporte sans murmure un revers passager :
Il sait que l'infortune exerce le courage,
        Et ferme dans l'orage,
Il change les destins qui n'ont pu le changer.

L. DUSILLET.

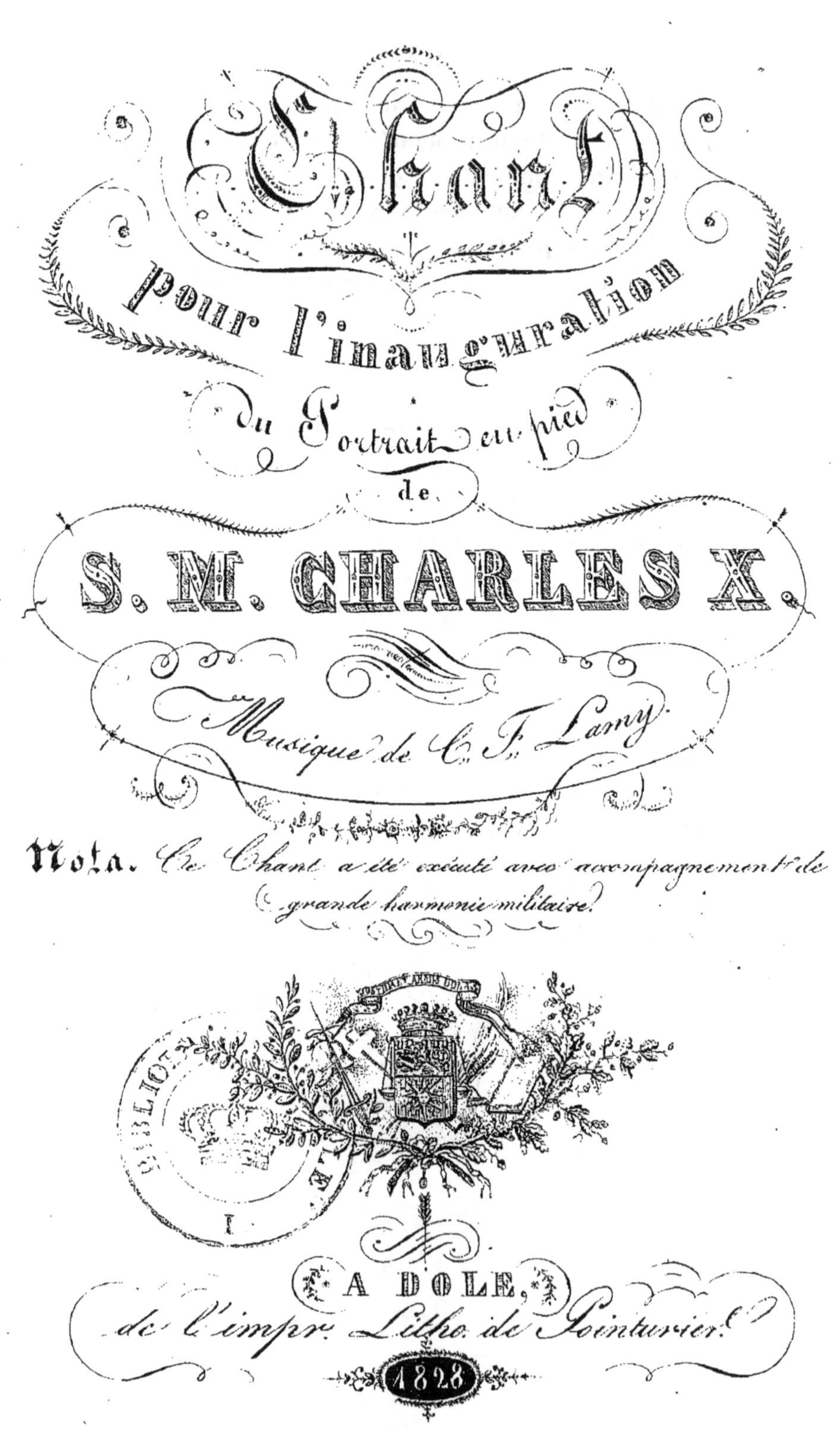
Chant
pour l'inauguration
du Portrait en pied
de
S. M. CHARLES X.
Musique de C. F. Lamy.
Nota. Ce Chant a été exécuté avec accompagnement de grande harmonie militaire.
A DOLE,
de l'impr. Litho. de Pointurier.
1828

Vive le Roi! vivent les Preux!

- tez, chan - tez, peu - ples joy - eux !
- tez, chan - tez, peu - ples joy - eux !
chantez, chan - tez. que tout ré -
chan - tez, chan - tez,
Dol.
- pè - te. Vi - ve le Roi! vi - vent les
que tout ré - pè - te. Vi - ve le Roi! vivent les

Preux! chan — tez, chan — tez, que tout ré-
Preux! chantez, chan — tez,
pé — te: vi — ve le Roi! vi — vent les
que tout ré - pé — te: vi — ve le Roi! vi — vent les
Preux! son — nez trompette! que tout ré-
Preux! bat — tez tam — bour! chantez, chan — tez,

pé - te vi - ve le Roi! vi - vent les
vi - ve le Roi! vi - vent les
Preux! son - nez trompette peuple joy-
Preux battez tambour chantez chan - tez
eux vi ve le Roi! vi - vent les
vi ve le Roi! vi vent les

Preux! Vi - ve le Roi! vi - vent les
Preux! Vi - ve le Roi! vi - vent les
f
ff.
Preux!
Fin.
Preux!
Fin.
Moderato. (♩ = 104, du Métronome.)
Con. express.
Solo
(tenore)
dol.
PIANO

C'est toi, Prin — ce, qui nous ra —
Dol.
— mè — nes la paix, la paix qui
cal — me tant de haî — nes, la paix, la
paix, ce don si pré — ci — eux; la

paix, la paix, ce don si pré - ci - eux ;
et ces
murs pleins de toi re-di - ront, d'âge en
â - ge, re-di - ront, d'âgeen â - ge, que Bour-

La 1.ʳᵉ fois Solo et la 2.ᵐᵉ en Trio.

- bon fut le no - ble ga - ge des loi -
oui Bour-bon fut le no - ble ga - ge des loi -
oui Bour-bon fut le no ble ga - ge des loi -
Ad lib. Ballatende
1 Fois.
2 Fois.
-sirs que nous font les cieux, oui Bour cieux bat-
sirs que nous font les cieux cieux bat-
sirs que nous font les cieux cieux bat-
Suivez la voix.
tempo 1.
1 Fois.
2 Fois.
Da Capo.